Les principales Bibliothèques particulières de la ville de Lille,

à propos d'une notice de M. Le Glay sur les Bibliothèques particulières

DU DÉPARTEMENT DU NORD (1).

Par M. Jules DELIGNE.

Lorsque l'autorité supérieure confia, il y a trois ou quatre ans, à M. le docteur Le Glay, le soin de rédiger un rapport sur les bibliothèques communales de notre département, cet infatigable érudit ne voulut point se borner à une statistique uniquement propre à satisfaire aux besoins de l'administration ; et il entreprit, dans l'intérêt de l'histoire littéraire du pays, un long pèlerinage bibliographique dont il consigna le résultat dans un gros volume in-8o intitulé : *Mémoire sur les bibliothèques publiques et les principales bibliothèques particulières du département du Nord* (2). Après avoir passé en revue les collections livrées au public dans les villes de Lille, Cambrai, Douai, Valenciennes, Avesnes, le Cateau et Saint-Amand, il fit un appel aux bibliophiles de la contrée ; et, s'inspirant des paroles de l'Ecriture : *Science cachée et trésor renfermé, à quoi sont-ils bons ?* (3), il les invita à ouvrir à tous les amis de l'étude les richesses cachées dont ils n'avaient jusqu'alors partagé la jouissance qu'avec un petit nombre de privilégiés. C'était une autre application de cette mesure si libérale qui permit à l'Association lilloise, en 1838, d'offrir aux méditations des artistes et à la curiosité de tous, les productions des beaux-arts, renfermées dans les

---

(1) Brochure in-8o. Cette notice, insérée dans l'*Annuaire du Département* (1843-1844), est une seconde édition revue et augmentée de la seconde partie du *Mémoire* dont il est parlé au commencement de cet article.

(2) Lille, 1841.

(3) « *Thesaurus invisus et sapientia absconsa, quæ est utilitas in utrisque ?* » Eccl. XX, 32.

1844

musées particuliers de la localité. Tous ou presque tous répondirent gracieusement à cet appel. Parler de ses livres à un bibliophile, n'est-ce pas ajouter encore au plaisir qu'il a de les posséder ? Aussi ne faut-il pas s'étonner de leur empressement à se mettre en relation avec l'homme qui était le plus capable, parmi nous, de signaler à l'attention publique les curiosités de leurs collections. M. Le Glay a transcrit dans son *Mémoire* la réponse de quelques-uns de ces dignes correspondants : c'est là qu'il faut aller chercher l'expression la plus vraie de l'amour des livres. C'est qu'en effet, comme dit l'un d'eux (1), on est bien heureux avec des livres, ou plutôt on est bien moins malheureux.

Suis-je seul ? Je n'ai qu'à former le vœu de Socrate (2), et je me trouve aussitôt entouré d'amis sincères et dévoués ; et cela, sans efforts, sans démarches, sans lettres d'invitation. Je n'ai qu'à allonger le bras vers ma bibliothèque, sans me lever de mon siége, et Homère, Virgile, Horace, La Fontaine, Molière ou tout autre *intime*, viennent amicalement se placer près de moi pour chasser la tristesse ou l'ennui, et je vous assure qu'ils y réussissent toujours. Ai-je le désir de philosopher ? A moi Platon, Descartes, Bâcon, Mallebranche ! Et voilà que ces illustres penseurs m'entretiennent de leurs belles conceptions. Je puis donc aussi tenir cercle chez moi, cercle choisi et de haut lignage, encore. Et quels immenses, quels précieux avantages cette société ne me procure-t-elle pas !

1° Je n'ai pas besoin d'ouvrir la bouche, ces grands hommes se chargent des frais de la conversation : ce qui convient à beaucoup de personnes, à moi particulièrement.

2° Si je viens à différer d'opinion avec eux, je ne crains pas qu'ils me taxent de folie ou d'ignorance, et me proposent un coup d'épée ou de pistolet pour me prouver qu'ils ont raison : ce qui s'accorde à merveille avec mon caractère pacifique, car je redoute les disputes, et j'ai en horreur les duels.

3° Si d'aventure je me prends à bâiller en les écoutant, *quandoque bonus dormitat homerus* (3), je les congédie à l'instant même : ce qu'on ne peut guère se permettre dans la bonne compagnie des vivants.

4° Je ne crains pas que *ma société* profite de mon absence pour me censurer et me déchirer.

5° ..... Mais nous n'avons pas mission de commenter le premier chapitre du *Philobiblion*. Revenons à notre sujet, et tâchons de donner une idée de l'opuscule dont l'auteur a puisé la matière dans les principales bibliothèques du département.

---

(1) M. Aimé Leroy.

(2) Phæd. lib. II, fabl. 9.

(3) Horat. *De arte poetica*.

Les raretés et les curiosités que l'on recherche dans une bibliothèque sont de deux sortes : il y a les curiosités qui font la joie des bibliomanes, des antiquaires, des imprimeurs, et les curiosités qui intéressent tous les amis des lettres et des sciences. Les premières consistent dans le matériel du livre, parfois dans l'histoire de ses destinées, *habent sua fata libelli* (1). Elles sont purement du ressort de la typographie, de l'enluminure, du dessin, de la gravure, de la calligraphie, de la reliure. Elles *racontent la gloire* des Jarry, des Thielman Kerver, des Estienne, des Elzevier, des Plantin, des Bodoni, des Didot, des Simier, des Thouvenin, des Padeloup, des Bradel, etc. Les secondes sont du domaine de l'histoire littéraire qui note avant tout la valeur intrinsèque du volume, — valeur due plus souvent peut-être à la singularité du sujet, à la bizarrerie du titre, à la position sociale ou à l'origine de l'auteur, qu'à l'importance de la matière ou au mérite de l'écrivain — mais cependant valeur réelle. Je sais bien *qu'en général et à peu d'exceptions près, ce sont les livres médiocres et oubliés qui sont devenus rares* (2). Gardons-nous toutefois de les dédaigner. Il se peut que tel auteur n'ait eu aucune influence sur son époque, n'ait rien ajouté aux connaissances de ses contemporains; mais son livre n'en est

---

(1) M. Le Glay, dans une des dernières séances hebdomadaires de l'Association lilloise, parlant après M. Chon qui venait de raconter les circonstances de la mort de Marie Stuart, a saisi l'à-propos pour faire connaître à l'auditoire les destinées du livre d'*heures* que cette malheureuse reine tenait entre les mains lorsqu'elle monta sur l'échafaud. Apporté à Douai par Elisabeth Carle, l'une des femmes de la reine, ce livre fut conservé durant deux siècles dans une bibliothèque monastique. A la Révolution, jeté parmi des bouquins de rebut, il tomba entre les mains d'un musicien qui vint s'établir à Cambrai. Le livre d'heures enfin reconnu, fut possédé successivement par plusieurs personnes, jusqu'à ce que l'une d'elles en eût fait don à Mgr. Belmas, dernier évêque de Cambrai, qui, en 1827, l'offrit au roi Charles X, lors du passage de ce prince à Cambrai. Que sera devenu le livre de Marie Stuart, à la révolution de juillet? Rien n'empêche de croire que le monarque exilé l'aura reporté à Holy-Rood, dans le vieux manoir habité par la reine d'Ecosse et témoin de ses derniers malheurs. *Habent sua fata libelli.* Voyez, pour plus de détails, le *Mémoire sur les bibliothèques*, pages 143 et 144.

(2) Voyez sur la bibliomanie, la lettre de M. G. Duplessis, ex-recteur de l'académie de Douai, insérée dans le *Mémoire* sur les bibliothèques du du département, page 318.

pas moins né, lui, d'une influence quelconque, et il est là pour témoigner de l'esprit du temps et de l'état des lettres lors de son apparition. Sous ce point de vue, les inventaires bibliographiques fournisssent d'excellents renseignements pour l'histoire générale des travaux de l'esprit. C'est à signaler principalement les curiosités du second genre que M. Le Glay s'est attaché, et c'est là, sans doute, ce qui donnera le plus de prix à sa notice. Nous suivrons son exemple dans notre excursion bibliographique, s'il vous plaît de visiter avec moi les neuf bibliothéques que M. Le Glay a distinguées entre celles que renferme notre bonne ville de Lille, sans y comprendre la bibliothèque communale.

Le style, c'est l'homme même, a dit Buffon. Cette observation du grand écrivain nous donne la mesure du prix que l'on doit attacher aux collections d'autographes, et particuliérement à celle que M. de Contencin, a formée dans l'intérêt de l'histoire des faits politiques et militaires, des lettres, des sciences et des arts. Cette collection qui embrasse toute la période de l'histoire moderne, se compose d'environ 1800 à 2000 lettres dont un grand tiers accompagnées de portraits (1).

En fait d'autographes, M. Le Glay, qui n'a pas oublié de mentionner dans sa revue les trésors qu'il possède en propre, n'a guère à nous offrir qu'un certain nombre de lettres des plus célèbres écrivains ou savants contemporains et autres, jointes à un exemplaire de leurs œuvres. Mais en revanche, il peut présenter aux érudits plus d'un manuscrit curieux sous le rapport historique et philosophique. C'est, par exemple, un exemplaire de la fameuse chronique de Martin le Polonais, lequel exemplaire fut heureusement sauvé, en 1559, des mains *libricides* d'un pharmacien de Gand ; — une chronique de Phalempin par Piétin et ses continuateurs, récemment retrouvée ; — une chronique anonyme de l'an 1001 à l'an 1133, celle-là même dont vous avez lu un fragment important dans la nouvelle édition de *Balderic* (2); — un recueil de lettres du P. André, de l'Oratoire, à l'appréciation desquelles M. V. Cousin a consacré deux articles dans le *Journal des Savants* ; — un petit in-folio intitulé *Livre bleu*, dont la communication n'a pas été inutile à M. Augustin Thierry, pour l'histoire du Tiers-Etat ; — une vie du bienheureux Jean, premier abbé de Cantimpré, que M. Edw. Le Glay n'a pas consultée sans fruit pour son *Histoire des Comtes de Flandre*. — *Les accouchements de la pierre Philosophale,* petit in-12, dans

---

(1) M. Le Glay a extrait de cette collection une lettre inédite de Voltaire adressée au cardinal de La Tour d'Auvergne. Voyez le *Mémoire,* p. 474.

(2) Cette chronique doit être publiée en entier dans le huitième volume des *Monumenta Germaniæ historica* de M. Pertz.

lequel se trouve, entre autres recettes, le moyen de se faire aimer des rois et des grands seigneurs, moyen infaillible, assure l'auteur qui l'a formulé en ces termes : « Prendre la langue d'un vautour, arrachée » sans fer, avec la main, la mettre dans une pièce de drap et pendre » au col. »

Une bibliothèque publique, par cela seul qu'elle est ouverte à tous, doit être utile à tous, et embrasser en conséquence toutes les branches des connaissances humaines. Cependant, ce n'est pas dans ces sortes de dépôts qu'il faut aller chercher des collections faites uniquement en vue de telle ou telle science, de tel on tel art. C'est plutôt dans le cabinet de l'homme spécial, dont les goûts exclusifs ou la profession lui en font, pour ainsi dire, une loi. Ainsi, nous trouverons chez M. Th. Lestiboudois, héritier de la science de son père et de son grand père, une belle bibliothèque médicale et botanique. M. Macquart, connu dans le monde savant par ses travaux entomologiques, nous montrera une série complète d'ouvrages correspondant aux différentes périodes de la science qu'il cultive avec tant de succès, et M. Desmazières, auteur de plusieurs beaux ouvrages sur les végétaux cryptogames, nous présentera une bibliothèque spéciale qui ne le cède en rien à celle de M. Macquart. Ces deux collections se distinguent par des œuvres capitales et d'une grande rareté que ne possèdent pas même les dépôts publics les plus riches du pays.

Archéologues et bibliophiles, allez chez M. Gentil-Descamps. Tout jeune encore, tandis que son père (1), — homme dont la mémoire sera toujours chère à la cité, — mettait son dévouement et ses lumières au service du nouvel ordre de choses créé par la révolution française, M. Gentil-Descamps recueillait avec amour les débris d'un passé que tant d'autres reniaient. Il avait pris à tâche de sauver de l'oubli ou de la destruction les antiquités qui intéressent les arts surtout l'histoire du pays, et il consacrait à sa pieuse investigation, quoi ? ses loisirs ? bien plus, ses économies d'enfant. Objets de sculpture, de peinture, ustensiles, armes, tout cela était acquis avec bonheur ; et tout cela rangé aujourd'hui avec un goût exquis, forme un véritable *musée local* que s'empressent de visiter l'artiste, l'antiquaire et le vrai patriote. Seulement, M. Le Glay, que je soupçonne d'être un peu plus bibliophile qu'antiquaire, regrette de n'y pas trouver plus de livres et de manuscrits. Il

(1) Voyez une notice sur M. Gentil-Muiron, m ire de Lille, publiée dans les *Archives du nord de la France et du midi de la Belgique*, (2me série), tome III, 1re livraison, 1841, p. 129.

en a toutefois noté quelques-uns. M. Gentil-Descamps est encore re-
nommé comme heureux collecteur de médailles et de monnaies (1).

Quant aux amateurs de raretés bibliographiques, qu'ils se présentent
chez M. Vander Cruysse de Waziers. C'est là qu'ils trouveront des trésors
dignes de toute leur attention, j'allais dire de leur convoitise : manuscrits in-folio, beaux caractères gothiques, grandes marges intactes, lettres majuscules, or et couleur, miniatures en camaïeu sur vélin, anciennes reliures en bois revêtu, anciennes dorures sur tranches, magnifi-
ques monuments du luxe dont on enrichissait jadis ce que j'appellerais
volontiers les *joyaux littéraires* du moyen-âge (2). M. Vander Cruysse
possède des manuscrits qui, sous le rapport de l'exécution, n'ont peut-
être pas de rivaux à la bibliothèque du roi à Paris. Toutefois, ce n'est
pas là leur seul titre de gloire. Le Quinte-Curce translaté de latin en
français par le portugais Vasque de Lucène, en 1468, — le prologue et
les huit livres de la Guerre Macédonienne de Tite-Live, manuscrit fini
en 1358,—la *Somme rurale* de Jean Boutillier, 1459 à 1460, — l'Histoire des Belges et princesde Hainaut, par Jacques de Guyse, traduite en
français, 1404,—la *Science des politiques* d'Aristote, traduite de latin
en français par Nicolas Oresme, doyen de l'église de Rouen et pré-
cepteur de Charles V, roi de France, manuscrit fait pour ce
prince, — les *Problèmes* d'Aristote, traduits de latin en français
par le physicien (le médecin) du roi Charles V, vers 1360, — le
Traité des quatre dernières choses, translaté de latin en français
par Jean Miélot, chanoine de St-Pierre à Lille, manuscrit fait en 1453
pour Philippe-le-Bon, duc de Bourgogne, — l'Histoire de Tristan, dit
le Bref, etc., etc. Ces manuscrits, pour la plupart mentionnés ou dé-
crits par les bibliographes les plus distingués, ne se recommandent pas
seulement aux bibliomanes par la singularité ou la richesse de leurs
ornements, mais encore aux érudits par leur valeur intrinsèque.
Parmi les imprimés, indépendamment des éditions remarquables du
XVe siècle et dont la plus ancienne est de 1474, il faut signaler l'*Art
au morier*, exemplaire unique d'une traduction française inconnue
jusqu'à ce jour, du fameux *Ars moriendi*, et dont vous pouvez lire la
description dans Maittaire et dans Brunet; précieux monument typo-
graphique, qui, par parenthèse, ne coûta, dit-on, à son heureux ac-
quéreur, que le prix d'une feuillette de vin ordinaire.

(1). M. Gentil s'est spécialement attaché à recueillir les médailles rela-
tives à l'histoire des Pays-Bas et à la révolution française. Cette dernière
collection est une des plus complètes qui existent.

(2) Cette expression n'a rien d'exagéré, puisque dans ces temps an-
ciens la garde de la *librairie* (bibliothèque) était confiée aux *garde-joyaulx*.

M. J. L. Hebbelynck peut aussi offrir aux bibliomanes quelques curiosités. « Cet amateur éclairé, dit M. Le Glay, s'est attaché à n'avoir
» autant qu'il lui a été possible, que des exemplaires de choix, tant
» sous le rapport de l'édition que sous celui de la condition. Il a tou-
» jours préféré un livre dans sa reliure primitive, telle ordinaire qu'elle
» fût, à ces riches parures modernes qui jurent avec l'âge du volume
» qu'elles recouvrent. » Pour moi, je ne vous parlerai ni des charmants livres d'heures, ni des éditions recherchées des classiques grecs
et latins, ni des recueils de pièces historiques, rangés et catalogués
avec tant de soin par M. Hebbelynck, mais je vous communiquerai
quelques vers extraits d'un manuscrit, lequel, exécuté en 1635-1636, ne
porte pas de nom d'auteur :

Voici un petit tableau qui ne manque pas d'une certaine grâce et que
j'extrais d'une pièce intitulée *le Rêveur imaginatif* :

> Je vis des nymphes à merveille,
> Qui soufflant sur l'azur des eaux,
> Avec le bout d'un chalumeau,
> Faisoient enfler mille bouteilles.
> Mais l'haleine des aquilons,
> Brisant l'argent de ces bouillons,
> Les faisoient bientôt disparoître ;
> Et par un admirable sort,
> Un souffle les ayant fait naître,
> Un souffle leur donnoit la mort.

Voici quelques échantillons de style figuré :

Les prairies.	Tapis faits des mains du printemps.
La terre.	Blême héritière du soleil.
La lumière.	Ame invisible des couleurs.
La rosée.	Fluides perlés du matin.
Les nuages.	Monts portés sur l'aile des vents,
	Fleuves suspendus et mouvants.
La neige.	Fragments de lys éparpillés.

Il y a certainement dans ces vers des pensées que ne renierait pas
la nouvelle école poétique. Toutefois, notre auteur est loin d'être toujours aussi heureux dans la hardiesse de ses images, dans l'originalité
de son style. Croirait-on que le même poëte pût dire de la neige :

> Pure moisson de *blanc d'Espagne*,
> Tremblante *crême* des vapeurs,
> Eaux *confites* par les froideurs
> *Suc* espandu par les campagnes,

> Molles boules de vif argent
> De qui le ciel se dégageant
> Semble pleuvoir la *cassonnade*, etc.

Du reste, cette disparate dans le style et dans les idées était un des vices littéraires du temps.

Il y a dix ans, M. Le Glay aurait pu nous montrer la belle bibliothéque de M. J. Barrois, l'éditeur de la *Bibliothèque protypographique*, comme il y a trois ans il nous a introduits dans le cabinet de M. Ducas; (1) mais M. Barrois et M. Ducas ont tous les deux échangé le séjour de Lille contre celui de Paris, et ils ont emporté leur trésor avec eux. M. Ch. de Godefroy, qui habite aussi Paris, a du moins laissé dans notre ville l'importante collection qu'y ont formée ses illustres ancêtres. (2) Cette bibliothéque (je parle des manuscrits) riche en recueils ou en inventaires de titres originaux et surtout en copies de chartes authentiques et annotées par les Godefroy, est proprement une bibliothéque diplomatique. Elle renferme une grande quantité de documents sur l'histoire des Pays-Bas , spécialemeut sur la période qu'embrasse le gouvernement des princes de la maison d'Autriche.

Ici se borne notre excursion, non pas que nous pensions avoir fait connaître toutes les richesses littéraires de l'arrondissement de Lille, car après les bibliomanes et les bibliophiles, il y a les amis de l'étude; et, Dieu merci, ces derniers ne sont pas tellement rares dans le pays qu'on ne sache où les trouver ; mais il me semble que cette rapide inspection suffit pour vous inviter à continuer sans moi le reste du voyage.

Parlons sans figure. Je n'ai mentionné ici que les bibliothèques de Lille; la notice de M. Le Glay nous fait connaître encore celles de MM. De Frémery et Failly, à Cambrai ; de MM. Bigant, Semaille et Tailliar, à Douai; de M. Estienne , à Maubeuge ; de MM. Louis Boca, Arthur Dinaux, Aimé Leroy et Regnard, à Valenciennes; de M. Lebeau, à Avesnes, et de M. de Coussemaker, à Bergues. Néanmoins, l'auteur ne se flatte pas d'avoir révélé toutes les richesses bibliographiques du département, il en désigne même quelques-unes qu'il a dû passer sous silence. Espérons qu'une nouvelle édition de la *Notice* lui permettra de décrire aussi ces dépôts encore inexplorés.

---

(1) Voyez le *Mémoire* sur les Bibliothèques du département, page 395.

(2) On sait que depuis Théodore jusqu'à Denis-Joseph de Godefroy, tous les membres de cette famille se sont rendus célèbres par des travaux historiques justement estimés.

LILLE.—IMP. DE VANACKERE.